A Gift for Abuelita
Celebrating the Day of the Dead

Un regalo para Abuelita
En celebración del Día de los Muertos

Story by/Cuento por NANCY LUENN
Illustrated by/Ilustrado por ROBERT CHAPMAN

rising moon
Books for Young Readers from Northland Publishing

The illustrations were done in mixed media on cast paper
The display type was set in Pabst
The text type was set in Matrix
Composed in the United States of America
Designed by Jennifer Schaber
Edited by Stephanie Bucholz
Spanish translation by Mario Lamo-Jiménez and
Straight Line Editorial Development, Inc.
Production supervised by Lisa Brownfield

Printed in China by Palace Press International

FIRST IMPRESSION
ISBN 0-87358-688-3

Library of Congress Catalog Card Number 98-22277

Luenn, Nancy.
A gift for Abuelita : celebrating the Day of the Dead / story by
Nancy Luenn ; illustrated by Robert Chapman = Un regalo para
Abuelita : en celebración del Día de los Muertos / escrito por Nancy
Luenn ; ilustrado por Robert Chapman.
p.   cm.
Summary: After her beloved grandmother dies, Rosita hopes to be
reunited with Abuelita as she prepares a gift to give her when her
family celebrates the Day of the Dead.
ISBN 0-87358-688-3
[1. Grandmothers—Fiction. 2. Mexican Americans—Fiction.
3. Death—Fiction. 4. All Souls' Day—Fiction. 5. Spanish language
materials—Bilingual.] I. Chapman, Robert, date. ill.
II. Title.
PZ73.L814 1998   98-22277
[E]—dc21

0644/7.5M/9-98

Rosita and her grandmother spent every day together. Her mother was very busy, but Abuelita always had time for Rosita.

"*Mira,* Rosita, look," her grandmother said. She held up three strands of yarn. "Each takes a turn crossing over the other. One strand alone can be broken, but when they are woven together, they make a cord that is strong. Like my love for you and your love for me." With patient hands, she taught Rosita how to braid.

Rosita y su abuela pasaban todos los días juntas. Su mamá estaba muy ocupada, pero Abuelita siempre tenía tiempo para Rosita.

—Mira, Rosita —dijo su abuela. Y le mostró tres hebras de lana—. Las hebras se turnan pasando una sobre la otra. Una hebra sola se puede romper, pero cuando están trenzadas, las hebras forman una cuerda muy fuerte. Como mi amor por ti y tu amor por mí. —Con manos pacientes, le enseñó a Rosita a trenzar.

One morning, they made up a song about making tortillas:

What do my hands say? Pla-pla-pla!
What does the pan say? Sah-sah-sah!
What does my mouth say? Da-da-da! Dame más tortillas!

They laughed as they stacked up the finished tortillas.

Una mañana, se inventaron una cancioncita acerca de las tortillas:

¿Qué dicen mis manos? ¡Pla-pla-pla!
¿Qué dice el sartén? ¡Sah-sah-sah!
¿Qué dice mi boca? ¡Da-da-da! ¡Dame más tortillas!

Y se reían mientras amontonaban las tortillas que habían preparado.

Abuelita scolded the day she discovered Rosita pulling up plants in the garden.

"I'm weeding!" protested Rosita.

"Those are not weeds!" replied Abuelita. She showed Rosita what to pull and what to save. "These little plants are chiles. We will harvest them together. This year you can help me make salsa."

Rosita was pleased. She liked helping her grandmother cook.

Then Abuelita got sick. Soon she was too weak to work in the garden. Rosita sat by her grandmother's bed, braiding and telling her stories. "The chiles are fat now," she told Abuelita. "When you are well, we will pick them together."

But before the chiles could ripen, Abuelita died.

Abuelita regañó a Rosita el día que la descubrió arrancando plantas en el jardín.

—Estoy arrancando malas hierbas —protestó Rosita.

—¡Ésas no son malas hierbas! —replicó Abuelita. Y le mostró a Rosita qué arrancar y qué dejar—. Estas plantitas son chiles. Las cosecharemos juntas. —Este año me puedes ayudar a hacer salsa.

Rosita estaba contenta. Le gustaba ayudar a su abuela a cocinar.

Entonces Abuelita se enfermó. Al poco tiempo ya estaba muy débil para trabajar en el jardín. Rosita se sentaba al lado de la cama de su abuela, trenzando y contándole cuentos. —Los chiles están grandes ahora —le dijo a Abuelita—. Cuando estés bien, los recogeremos juntas.

Pero antes de que los chiles maduraran, Abuelita se murió.

Rosita missed her very much. She missed the soap scent of Abuelita's everyday dress, and the *pla-pla-pla* of her hands shaping dough for tortillas. She missed the strong warmth of her grandmother's arms. She wanted to hear Abuelita's voice whisper "good night."

"Abuelita is in heaven with the angels," Mamá told Rosita at bedtime. "She will watch over you while you are sleeping."

Rosita did not want Abuelita to be with the angels. She wanted her at home.

Rosita extrañaba mucho a su abuela. Extrañaba el aroma a jabón del vestido de todos los días de Abuelita y el pla-pla-pla de sus manos dando forma a las tortillas. Extrañaba el cariñoso abrazo de su abuela. Quería escuchar la voz de Abuelita susurrándole "buenas noches" al oído.

—Abuelita está en el cielo con los angelitos —le decía Mamá a Rosita a la hora de acostarse—. Ella te cuidará mientras duermes.

Rosita no quería que Abuelita estuviera con los ángeles. La quería en casa.

"We need Abuelita *here*," Rosita told Abuelo in October. Her grandfather nodded. His brown eyes glistened.

"Yes," he said. "I miss her too. You can show Abuelita how much you miss her, *mija*. Make her a gift for when she visits us on the Day of the Dead."

On the Day of the Dead, families remember the people they love who have died. Each family makes an *ofrenda* at an altar to welcome the dead. Everybody makes gifts for the altar.

But what can I make? Rosita wondered.

—*Necesitamos a Abuelita aquí* —*le dijo Rosita a Abuelo en octubre. Él asintió con la cabeza. Sus ojos color café brillaron emocionados.*

—*Sí* —*dijo*—, *yo también la extraño. Puedes mostrarle a Abuelita cuánto la extrañas, mija. Hazle algo de regalo para cuando nos visite el Día de los Muertos.*

El Día de los Muertos, las familias recuerdan a sus seres queridos que han muerto. Cada familia hace una ofrenda en un altar para darles la bienvenida a los muertos. Todos hacen regalos para el altar.

"*¿Pero qué puedo hacer yo?*", *se preguntaba Rosita.*

"What are you making?" she asked her brother, Carlos, just before the holidays. "Is it a gift for the altar?"

"Yes," said Carlos. "A lizard for Tío Antonio. He always liked lizards."

Rosita's father was in the marigold garden. "What are you making?" she asked him.

"A harvest of flowers for the altar and graves. Abuelo León loved these flowers."

—¿Qué estás haciendo? —le preguntó a su hermano, Carlos, justo antes de la fiesta—. ¿Es un regalo para el altar?

—Sí —dijo Carlos—. Una lagartija para Tío Antonio. A él siempre le gustaron las lagartijas.

El papá de Rosita estaba en el jardín de cempasúchil.
—¿Qué estás haciendo? —le preguntó ella.
—Juntando flores para el altar y las tumbas. Al Abuelo León le encantaban estas flores.

Rosita found her mother in the kitchen. "What are you making?" she asked her.

"Chicken in *mole* for Tía Dolores. It was her favorite."

"What are you making?" Rosita asked Abuelo. "Is it for *mi abuelita?*"

"Yes. I am weaving this blanket to keep her soul warm."

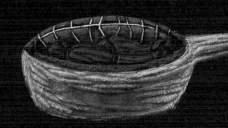

Rosita encontró a su mamá en la cocina. —¿Qué estás haciendo? —le preguntó.

—Mole de pollo para Tía Dolores. Era su comida favorita.

—¿Qué estás haciendo? —le preguntó Rosita a Abuelo—. ¿Es para mi abuelita?

—Sí. Le estoy tejiendo una manta para que tenga el alma abrigada.

Rosita remembered something she knew how to do. She asked Abuelo for three long strands of yarn. Then she sat near his loom in the courtyard and started to braid.

She braided the following morning as well, when her family went to the market. They sold some flowers and bought candles and incense, apples and bread of the dead.

"What a beautiful braid!" said the woman who sold them the bread.

"*Gracias,* but it isn't finished yet," said Rosita.

All the way home on the bus, Rosita worked on her braid. The cord reached from the tips of her fingers past her elbow.

Rosita se acordó de algo que ella sabía hacer. Le pidió a Abuelo tres hebras largas de lana. Luego se sentó junto al telar en el patio y empezó a trenzar.

Siguió trenzando a la mañana siguiente, cuando fue con su familia al mercado. Allí vendieron flores y compraron velas e incienso, manzanas y pan de muerto.

—¡Qué hermosa trenza! —le dijo la mujer que les vendió el pan.

—Gracias, pero todavía no está terminada —dijo Rosita.

De camino a casa en el bus, Rosita siguió trabajando en su trenza. La cuerda le llegaba desde las puntas de los dedos hasta más allá del codo.

That afternoon, Rosita's family prepared the *ofrenda*. Mamá and Rosita brought food from the kitchen: tortillas and chicken in brown *mole* sauce.

Rosita helped her mother light a candle for each soul they were remembering.

"One for your Tío Antonio, and one for Abuelo León," said Mamá. "One for my Tía Dolores, and one for our dear Abuelita."

Then everyone added their gifts to the altar. Everyone except Rosita.

"Where is your braid?" asked Mamá.

"It isn't finished yet," Rosita said.

Esa tarde, la familia de Rosita preparó la ofrenda. Mamá y Rosita trajeron comida de la cocina: tortillas y rico mole de pollo.

Rosita ayudó a su mamá a encender una vela por cada una de las almas que estaban recordando.

—Una por tu Tío Antonio y una por tu Abuelo León —dijo Mamá—. Una por mi Tía Dolores y una por nuestra querida Abuelita.

Luego todos pusieron sus regalos en el altar. Todos menos Rosita.

—¿Dónde está tu trenza? —preguntó Mamá.

—No está terminada todavía —contestó Rosita.

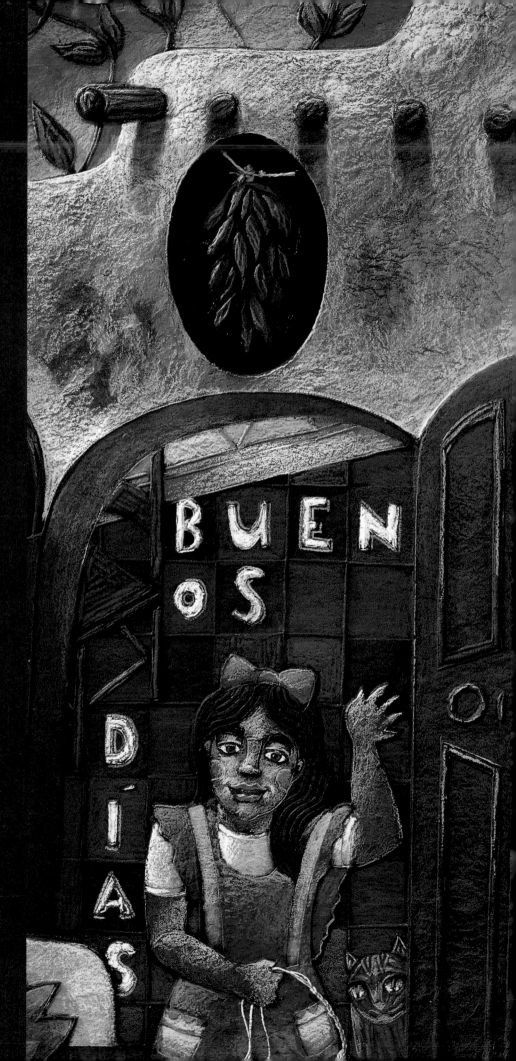

All afternoon, friends came to visit, bringing their gifts for the dead. As each person arrived, Rosita stopped braiding and hurried to greet them.

Abuelita never came.

"When will I see her?" Rosita asked Carlos.

"Silly," he said. "You won't be able to *see* her. Spirits are invisible."

"If spirits are invisible," Rosita asked Papá, "how will I know Abuelita is here?"

"You will feel that she is near," said Papá.

Durante toda la tarde, los amigos vinieron de visita, trayendo regalos para los muertos. Cada vez que alguien llegaba, Rosita dejaba de trenzar y corría a saludar.

Abuelita nunca llegó.

—¿Cuándo la voy a ver? —le preguntó Rosita a Carlos.

—No seas tonta —le dijo—. No vas a poder verla. Los espíritus son invisibles.

—Si los espíritus son invisibles —le preguntó Rosita a Papá—, ¿cómo voy a saber que Abuelita está aquí?

—Sentirás que está cerca —dijo Papá.

How will it feel? Rosita wondered as she braided her cord.

More friends arrived in the evening, but Abuelita didn't come.

"Where is Abuelita?" Rosita asked Papá. "Why didn't she come?"

"It is a long way from heaven," he said. "Perhaps she will be at the graveyard tomorrow."

"¿Cómo será?", se preguntaba Rosita mientras trenzaba la cuerda.

Por la noche, llegaron más amigos, pero Abuelita no llegó.

—¿Dónde está Abuelita? —le preguntó Rosita a Papá—. ¿Por qué no vino?

—El cielo queda lejos —dijo él—. Tal vez esté mañana en el cementerio.

The next day, Rosita and her family went to the graveyard. They pulled weeds and washed the gravestones. When the graves looked beautiful and new again, they spread out a picnic. As they ate, they told stories of the people they remembered.

"Will Abuelita be here soon?" Rosita asked.

"Think of all the things you loved about Abuelita," Mamá suggested. "Then she will know where to find you."

Al día siguiente, Rosita y su familia fueron al cementerio. Arrancaron las malas hierbas y lavaron las lápidas. Cuando las tumbas quedaron hermosas y otra vez como nuevas, sacaron la comida. Mientras comían, contaban cuentos de la gente que estaban recordando.

—¿Estará Abuelita pronto aquí? —preguntó Rosita.

—Piensa en todas las cosas que te gustaban de Abuelita —sugirió Mamá—. Así ella sabrá dónde encontrarte.

Rosita braided her cord and remembered. She remembered her grandmother's husky old voice when she sang the song about making tortillas. She remembered the tales Abuelita told while she cooked chiles for salsa. Rosita braided, remembering all she had loved.

Rosita se puso a trenzar su cuerda y empezó a recordar. Recordó la voz anciana y ronca de su abuela cuando cantaba la canción de las tortillas. Recordó los cuentos que Abuelita contaba cuando cocinaba los chiles para la salsa. Rosita trenzaba, recordando todo lo que le gustaba.

As twilight deepened, she finished her braid. It was as tall as she was. Rosita sat by her grandmother's grave, stroking the cord with her fingers. In it, she had braided the things she remembered: the scent of her grandmother's dress, the *pla-pla-pla* of her hands on the tortillas, her songs and her scolding, her tales and the taste of her salsa.

Closing her eyes, Rosita began to feel warm, as if she were safe in her grandmother's arms. Soft wings brushed her face like a kiss. Then, in her heart, a husky voice whispered, *Buenas noches, Rosita.*

Al anochecer, terminó la trenza. Era tan alta como ella. Rosita se sentó al lado de la tumba de su abuela, acariciando la cuerda con los dedos. En ella había trenzado sus recuerdos: el aroma del vestido de su abuela, el pla-pla-pla de sus manos en las tortillas, sus canciones y sus regaños, sus cuentos y el sabor de su salsa.

Cerrando los ojos, Rosita empezó a sentir una cálida sensación, como si se encontrara segura entre los brazos de su abuela. Unas alas suaves le rozaron la cara como un beso. Luego, en su corazón, una voz ronca susurró: Buenas noches, Rosita.

"Oh, Abuelita, you came! *Mira,* I made this for you." She laid her gift over the grave.

And she knew that, like the braid, the cord of their love was too strong to be broken.

—¡Oh, Abuelita, llegaste! *Mira, hice esto para ti.* —Ella puso su regalo sobre la tumba.

Y supo que, igual que la trenza, la cuerda de su amor era tan fuerte que jamás se rompería.

Author's Note

The Day of the Dead is celebrated in many parts of Mexico and in some Mexican American communities. It is a memorial day, a time to remember relatives and friends who have died. Tradition says that the souls of the dead return to visit their families on this day.

The Day of the Dead is usually celebrated on November 2, but in some communities the festival begins on October 31, continuing several days.

Building an altar with *ofrendas* in the home is a common practice, as is visiting graveyards. Graves are cleaned and decorated, and families spend the day in the cemetery, often holding a candlelight vigil well into the night.

However it is celebrated, the Day of the Dead is a warm-hearted family reunion, a time to remember and welcome the beloved dead.

Nota de la autora

El Día de los Muertos se celebra en muchas partes de México y en algunas comunidades mexicoamericanas. Es un día de recuerdos, el momento para recordar a los parientes y amigos que han muerto. Dice la tradición que las almas de los muertos regresan ese día para visitar a las familias.

El Día de los Muertos se celebra usualmente el 2 de noviembre, pero en algunas comunidades la fiesta empieza el 31 de octubre y sigue por varios días.

Es costumbre poner un altar con ofrendas en la casa, así como visitar los cementerios. Las tumbas se limpian y se decoran, y las familias pasan el día en el cementerio. A menudo celebran una vigilia con velas hasta bien entrada la noche.

De cualquier forma que se celebre, el Día de los Muertos es una reunión familiar afectuosa, un momento para recordar y darles la bienvenida a los muertos queridos.

Illustrator's Note

All of the illustrations in *A Gift for Abuelita* are made with cast paper: wet paper pulp the consistency of very thin oatmeal, dried in a mold.

To make a mold, I cut and carve shapes out of wood, heavy papers, and cardboards, then glue them into a wood frame. I glue the shapes in many layers to create dimension and shape in the paper cast, and they have to be backwards because the cast will be a mirror image of the mold. Building molds this way forces me to combine and simplify shapes in exciting ways.

Objects are added to finished pieces to further enhance the effect of dimension, such as the carved wood rooster above Abuelita's garden. Can you find more objects made out of wood, twine, fabric, and beads?

Nota del ilustrador

Todas las ilustraciones de Un regalo para Abuelita *están hechas con modelos de papel: pulpa de papel mojada con la consistencia de avena muy aguada, secada en un molde.*

Para hacer un molde, recorto y tallo figuras en madera, papel grueso y cartulina, y luego las pego a un marco de madera. Pego las figuras en varias capas para crear la dimensión y la forma del modelo de papel, y tienen que estar al revés porque el modelo será la imagen invertida del molde. Construir moldes de esta manera me obliga a combinar y a simplificar las figuras de maneras interesantes.

Les añado objetos a las piezas terminadas para aumentar el efecto de dimensión, como el gallo de madera tallada sobre el jardín de Abuelita. ¿Puedes hallar más objetos hechos con madera, hilo, tela y cuentas?

Glossary

abuelita (ah-bwey-LEE-tah): little grandmother, used as
a term of endearment

abuelo (ah-BWEY-loh): grandfather

buenas noches (BWEY-nahs NOH-chaehs): good night

Dame más tortillas (DAH-meh mahs tor-TEE-yahs):
"Give me more tortillas."

gracias (GRAH-seeahs): thank you

mi (mee): my

mija (MEE-hah): from *mi hija* (my daughter), used as
a term of endearment

mira (MEE-rah): look

mole (MOH-leh): a thick sauce often containing peanuts or chocolate

ofrenda (oh-FREN-dah): the offering made to honor the dead

salsa (SAL-sah): sauce

tía (TEE-ah): aunt

tío (TEE-oh): uncle

A bookworm from the time she learned to read, NANCY LUENN has published fifteen books for children and teenagers, including *Nessa's Fish* (Atheneum, 1990), *The Dragon Kite* (Harcourt Brace, 1982), and *Squish! A Wetland Walk* (Atheneum, 1994).

Nancy has celebrated the Day of the Dead in her home since 1992. *A Gift for Abuelita* came about after the death of her "grandmother by love."

Nancy lives with her husband and their cats in Yakima, Washington. She teaches English as a Second Language.

Lectora incansable desde que aprendió a leer, NANCY LUENN ha publicado quince libros para niños y adolescentes, incluyendo Nessa's Fish *(Atheneum, 1990),* The Dragon Kite *(Harcourt Brace, 1982), y* Squish! A Wetland Walk *(Atheneum, 1994).*

Nancy ha celebrado el Día de los Muertos en su hogar desde 1992. Un regalo para Abuelita *surgió después de la muerte de su "abuela por amor".*

Nancy vive con su esposo y sus gatos en Yakima, Washington. Ella enseña inglés como segundo idioma.

ROBERT CHAPMAN began drawing and painting when he was twelve, and hasn't stopped since. He started experimenting with handmade and cast paper in 1986 and has continued to develop his style and technique with that medium since then.

Though this is Robert's debut as a children's book illustrator, his fine art has been exhibited worldwide, from New York to Los Angeles and in London, Germany, Tokyo, and Hong Kong.

Robert lives in Tempe, Arizona.

ROBERT CHAPMAN empezó a dibujar y a pintar cuando tenía doce años y no ha dejado de hacerlo desde entonces. Empezó a experimentar con papel hecho a mano y con modelos de papel en 1986, y ha continuado desarrollando su estilo y su técnica con ese material desde entonces.

Aunque éste es el debut de Robert como ilustrador de libros infantiles, sus obras artísticas se han exhibido por el mundo entero, desde Nueva York a Los Ángeles y en Londres, Alemania, Tokio y Hong Kong.

Robert vive en Tempe, Arizona.